Wir wünschen frohe Weihnachten und ein glückliches Jahr 2003.

Patientenliga Atemwegserkrankungen
Ortsgruppe Moers

Meine Heimat ist meine Kindheit
Sach ma nix
Und meine Kindheit
Liegt am Niederrhein
Und deshalb bin ich kein Kind geblieben
Wie man so sacht
Sondern ich bin ein Kind
Ein Niederrheinisches
Das nie erwachsen wird
Sach ma nix

Hanns Dieter Hüsch · Norbert Schinner

# SACH MA NIX

*Unser Niederrhein –*
*eine Reise in Geschichten und Bildern*

collection | Brendow

Die Deutsche Bibliothek – CIP-Einheitsaufnahme
Ein Titeldatensatz für diese Publikation ist bei
Der Deutschen Bibliothek erhältlich.

2. veränderte Auflage 2001
©1997 by Brendow Verlag, D-47443 Moers
Einbandgestaltung: BrendowCreativ, Moers
ISBN 3-87067-886-0

# INHALT

Schloß Dyck bei Bedburdyck (Jüchen): Besonders im Herbst lohnt sich ein Spaziergang durch den weitläufigen Park und die Kastanienallee zum Kloster St. Nikolaus.

# Niederrheinische Weisheit

Et gibt bei uns am Niederrhein
Einen Satz der heißt:
Wer weiß wozu et gut war
Oder
Wer weiß wozu et gut is
Dieses Wort gibbet sicher auch im Westfälischen
Oder im Bergischen Land un im Kohlenpott speziell
Un auch im südlichen Rheinland
Wo man nicht so aggressiv gehemmt is
Wie am Niederrhein
Denn dieses kluge Wort: Wer weiß wozu et gut is
Setzt ja meist was Unangenehmes voraus
Oder das Unangenehme is schon passiert ne
Und man hat etwas einstecken müssen
Oder was hinnehmen müssen
Und zwar ziemlich feste
Womöglich eine richtige Niederlage
Un jetzt braucht man Trost ne
Un dann heisset eben: Wer weiß wozu et gut war
Un en paar Jahr später
Triumph Triumph!
Hat sich das Wort bewährt
Et war wirklich besser damals nachzugeben
Etwas abzugeben
Manchmal um des lieben Friedens willen
Un manchmal weil man aggressiv gehemmt ist
Das hab ich neulich noch einem Bekannten
Erklären müssen
Der wußte nicht was aggressiv gehemmt ist
Ich hatte ihm nämlich auf den Kopf zugesagt

Daß er aggressiv gehemmt sei
Und da sachte er: Wat is dat dann?
Un dann hab ich ihm das erklärt
Zum Beispiel hab ich gesacht
Wenn dich jemand fragt ob du ihn
Mitnehmen könntest
Obwohl et für dich en Umweg is
Dann sachst du doch meistens nicht:
Tut mir leid ich bin heut knapp in der Zeit
En andermal gern

Insel Hombroich (Neuss): Ein außergewöhnliches Museum, in dem man Kunst und Natur in einmaliger Weise erleben kann.

Du würdest doch dann sicher sagen:
Ja gut et is zwar en Umweg für mich
Aber vielleicht schaff ich das doch noch zeitlich
Wer weiß wozu et gut is
Das hab ich dem Bekannten so erklärt
Un der hat das auch bestätigt daß er so schlecht
NEIN
Sagen könne un oft sogar zu seinem eigenen
Nachteil Dinge mache
Die er eigentlich gar nicht machen könne
Aber oft habe er dann viel später erst erlebt
Dat et doch gut und sogar richtig gewesen sei
Sisste hab ich da gesacht dat is
Dat niederrheinische nicht NEIN
Sagen können und doch wat davon haben
Un der andere denkt auch noch: Gott is de nett
Frauen sind da schon strenger drin
Mein Frau sacht dann immer:
Das hätt ich nicht gemacht
Da wirste doch nur ausgenutzt
Mag ja sein sach ich dann immer
Aber wer weiß wozu et gut is
Also das kapiere ein anderer sacht dann mein Frau
Das ist doch Masochismus
Nee sach ich das ist langfristig-kreativ
Und der Frieden bleibt auch noch erhalten
Ja aber nur auf deine Kosten sacht mein Frau
Ja sicher sach ich jeder zahlt seinen Preis
Aber auf die Dauer bin ich der Klügere
Du willst doch nur deine Ruhe haben

Sacht meine Frau
Erzähl mir doch nix
Wer weiß wozu et gut is
Dat sagen all die die sich nicht durchsetzen können
Hab ich doch gar nicht nötig sach ich
Ich will mich gar nicht durchsetzen und bei dir
Schon gar nicht
Hab ich zu mein Frau gesacht
Versöhnen statt spalten hat mein Freund
Johannes gesagt
Es lebe die aggressive Gehemmtheit
Die hat schon manchen Krieg verhindert
Besonders am Niederrhein.

# Unsterbliche Sätze

Also et gibt ja Sätze
Sach ich immer
Die gehen einem ein Leben lang nicht aus dem Kopf
Da kannze machen wat de willz
Selbst wenn de schon steinalt bist
Un gebrechlich un wat weiß ich nich alles
Da gibbet Sachen die wirsse einfach nich mehr los
Ich weiß ja nun nich ob Se auch auf sowat achten
Ich muß dat ja schon von Berufs wegen
Also drauf gucken
Wat de Leut alles so von sich geben
Aber so richtige zeitlose Sätze wie zum Beispiel:
„Auf schwarz sieht man alles"
Dat is eigentlich ein unsterblicher Satz
Jedenfalls für mich
Den Satz haben meine niederrheinischen
Tanten immer gesacht
Da war ich höchstens fünf oder sechs Jahre alt
Da gingen die montagabends in den Kirchenchor
Zur Probe
Un dann standen die vor dem Spiegel
Alle in schwarz natürlich
Und zoppelten an ihrer Klädasche rum
Alle machten sich so Fädkes un Plüskes ab
Un sachten dann immer:
„Auf schwarz sieht man alles ne"
Dat verstehst du noch nicht dumme Jung
Werd du erstmal erwachsen dann weiße auch
Wat dat heißt:
„Auf schwarz sieht man alles"

Un so hab ich mehrere Sätze die mich
Tatsächlich lebenslänglich begleiten
Zum Beispiel als Kind hießet doch immer:
Muß viel Spinat essen da is Eisen drin
Den Satz sachte immer mein Tante Anna
Die erst mit 91 zum erstenmal zum Zahnarzt mußte
Ja mein lieber Scholli
Dat waren noch Gebisse damals
Un ihre Tochter wohnt ja jetzt in Eckernförde
Warum weiß ich auch nicht
Aber Tante Anna sachte immer:
Muß viel Spinat essen is Eisen drin
Ich weiß bis heut nich wat dat heißen soll
Aber am Niederrhein wird dat einfach so gesacht
Un dann hat man sich damit abzufinden
Ich hab dann als Kind immer mit der Gabel
Nach dem Eisenstück gesucht
Un gestochert
Ja ich wollte dat so auf den Tellerrand legen
Wie sone Speckschwarte
Ich dachte immer dat wär son Eisenstück
In Briefmarkengröße
So mitverkocht damit das Ganze son herben
Leicht rostigen Geschmack bekommt
Dachte ich
Völlig bekloppt natürlich
Aber es hat mir ja auch niemand erklärt damals
Weil se et ja all selbst nicht wußten
„Hör auf zu schielen sonz bleiben die Augen stehn"
Dat war auch son Satz

„Sonz bleiben die Augen stehn"
Oder
„Auf unreife Stachelbeeren trinkt man kein Wasser"
Ich mein gut das war alles früher
Heut macht dat alles mein Frau
Die sacht also so richtig gute Sätze wie:
„Iß nicht so viel Salz
Salz bindet Wasser"

Aha sach ich dann jetzt geht der Chemiekurs los
Nein sacht mein Frau jetzt geht kein Kurs los
Sondern das ist völlig ungesund was du da machst
Ooch sach ich nur son bissken für et Ei
Oder auf son Radieschen
Also sach ich Eier un Radieschen un Kartoffeln
Ohne Salz
Da ess ich lieber gar nix
Oder nur das Salz
„Aber Salz bindet das Wasser"
Du wirst es ja sehen
Du hast ja recht sach ich dann zu mein Frau
Un ich danke dir
Du hast da en Plüschen auf dem Pullover
Ja sacht mein Frau nun auch schon:
„Auf schwarz sieht man alles".

Düsseldorf-Benrath: Schloß Benrath zählt zu den schönsten
Rokokobauten in Deutschland.

Die Düsseldorfer Königsallee, im Volksmund „Kö" genannt, ist Prachtboulevard und grüne Oase zugleich.

Pantomime auf der „Kö", lebendige
Kunst im Alltag.

Sach ma nix
Und kumma hier
Wie schön dat is

Düsseldorfer
Impressionen:
Oberkasseler
Brücke im Abend-
licht, Altstadtufer
und Blick über
die Kricke-Plastik
auf die Rheinknie-
Brücke.

Im Quellgebiet der Schwalm (r.) liegt die malerische Burg Tüschenbroich (l.).

Sehenswürdigkeiten an Schwalm und Nette: Burg Brüggen und Schloß Krickenbeck (im Privatbesitz der WestLB).

# Verlorenes Kinderlied

Sagen Sie mal
Geht es Ihnen manchmal auch so
Daß Sie tagelang wat suchen
Un dann ers richtig zufrieden sind
Wenn Sie et dann gefunden haben
Un manchmal is dat ja richtiggehend blödsinnig
Bei mir jedenfalls
Also bei mir is dat oft so daß man sagen kann:
Dessen Sorgen möcht ich haben
Aber dat war bei mir immer schon so
Nicht daß Sie meinen das läg vielleicht am Alter
Nee dat war schon bei mir als kleines Kind so
Als ich noch klein war
Also von klein auf
Als ich noch am Niederrhein aufgewachsen wurde
Ich hör eine Melodie oder ich hör einen Satz
Un der erinnert mich an irgendwat
Wat mir dann im Augenblick nicht einfällt
Un dann steh ich da und bin völlig verzweifelt
Un dann geht das los
Manchmal tagelang bis ich et endlich hab
Bei Namen hat man das ja oft ne
Daß einem der Name von dem einen Schauspieler
Nicht einfällt
Er liegt einem dauernd auf der Zunge
Nich de Schauspieler sondern der Name
Un dann is man schon ganz nah dran
Un dann isser wieder weg
Un dann weiß man eine Silbe und dann einen Vokal
Un dann is plötzlich wieder alles aus

Schrecklich
Ich mein
Viele bleiben da ja ganz ruhig
Aber bei mir da arbeitet das immer ständig weiter
Weil ich ja wie heißt dat
Hat mir neulich jemand gesagt
Weil ich ja komplettierungszwängig bin
Un das kommt wohl daher weil ich Preuße bin
Un das dann nicht aushalte
Oder sagen wer mal so:
Ich bin ein rheinischer Preuße ein niederrheinischer
Un dat is am schlimmsten
Der will nämlich die eine Seele fünfe
Grade sein lassen
Un die andere da will er aus ne vier
Ne zackige eins machen
Neulich da sachte mein Frau so ganz nebenbei zu mir:
Ohne mich zu fragen
Ich weiß gar nicht mehr wat da los war
Aber mir fiel sofort eine rhythmisch-musikalische
Ähnlichkeit
Mit einem anderen Lied ein
Da gibts nämlich son Kinderlied da heisset
Am Schluß:
Ohne sich zu stoßen
Meinen Se mir wär der restliche Text eingefallen
Ich hab Hinz und Kunz gefragt Greti und Pleti
Künstler und Wissenschaftler Sportler und Politiker
Freunde und Feinde
Kein Schwein wußte was

Niemand kannte diesen Kindervers
Ich sachte immer da kommen auch Elefanten
Drin vor und Wald
Un am Schluß heißet: Ohne sich zu stoßen
Und das alles nur weil mein Frau gesacht hatte:
Ohne mich zu fragen
Un dann geht sofort die niederrheinische
Assoziationskette los
Ich will ja immer nochmal
Meine Doktor-Arbeit schreiben:
Der Niederrheiner und seine Assoziationen
Ich weiß gar nicht mehr wen ich noch all gefragt hab
Angerufen hab un angesprochen hab
Schließlich hat mich mein Dichterfreund
Klaus Rudolf Schell
Aus Schwerte nach Tagen erlöst und gesacht
Wat du suchst dat geht so:

Was mögen das für Bäume sein
Wo die großen
Elefanten spazierengehn
Ohne sich zu stoßen
Wunderbar
Endlich hatte ich meine Ruhe wieder
Und Sie werden sicher mit Recht sagen
So kindisch möcht ich auch mal sein
Richtig!

Sach ma nix

Also wer danach leben kann sach ich immer

Der is fein raus

Denn der macht keine Fehler ne

Is nich so

Is doch so

Wie heißt doch der schöne Satz:

Wenn du geschwiegen hättest

Wärst du ein Philosoph geblieben

Aber ich

Ich bin manchmal richtig blöd

Also blöd is ja immer noch verzeihlich

Aber dumm mein lieber Scholli

Und ich bin manchmal richtig dumm

Oder Sie würden vielleicht sagen ungebildet

Ich mein das trifft mich ja noch mehr

Weil bei mir setzen ja die Leute dieses und

Jenes voraus

Jenes vielleicht nicht aber dieses schon

Zum Beispiel

Sie kennen doch auch den Dichter

Hugo von Hofmannsthal

Ganz berühmt ne

Und der hat ja glaub ich auch im Zusammenhang

Mit Mozart den Satz aufgestellt:

Man muß das Tiefe verstecken

Aber wo?

An der Oberfläche

Der Hofmannsthal hat das gesagt

Is ja nicht schlimm ne

Abendstimmung am Elfrather See (Krefeld-Traar).

Nicht de Mozart

Der hat ja nur die Musik gemacht

Und ich hab das immer so erzählt

Weil ich auch immer gesagt hab:

Ich hab die Tiefe der Oberfläche entdeckt

Aber das will ja nix heißen wenn ich dat sach

Nur ich hab dann immer Hoffmannsthal gesacht

Mit 2 FF

Bis mir schließlich mein bester Freund sachte

Du dat heißt Hofmannsthal mit einem F

Und nicht Hoffmannsthal mit 2 FF wie du

Immer sachst

Da könnse mal sehen

Da liest man son Namen jahrelang und spricht

Ihn jahrelang falsch aus

Das kommt eben weil ich nicht gebildet bin

Und immer an wat anderes denke

Anstatt mich richtig schön zu bilden

Ich hab immer gesacht: Hoffmannsthal mit 2 FF
Hoffmann von Fallersleben Gütermanns Nähseide
Ostermanns Eierfarbe
Absolut ungiftig hab ich immer gedacht
Dat heißt Hoffmannsthal mit 2 FF hab ich
Immer gedacht
Ja Pusteblume
Man soll ja nicht denken man muß nur gebildet sein
Andererseits bin ich ja immer froh und dankbar
Wenn ich wat dazu lern ne
Auch wenn et fast schon zu spät is
Mein bester Freund hat mir auch im Zusammenhang
Mit Mozart gesacht
Das heisse nicht M od e na also de Ort
Das heisse M o dena
Wußte ich auch nicht
Aber wenn man so drauflos lebt wie ich
Da sagt man schon mal einfach Mo d e na
Wichtig is ja nur daß man sich das dann
Auch merken kann
Daß das M o dena heißt
Das ist also im Italienischen so:
Wenn bei einem dreisilbigen Wort auf das
O ein D folgt
Sagt man Mo d e n a
Wenn aber auf das O ein L folgt wird die
Zweite Silbe betont
Wie zum Beispiel Bologna
Man sagt ja nicht B o logna
Aber M o dena

Weil da auf das O ein D folgt
Bei A ist das ähnlich
Folgt auf das A ein V wird die zweite Silbe betont
Zum Beispiel Ravenna
Und bei einsilbigen Worten
Wenn da auf das O ein M folgt
Wird wieder die erste Silbe betont
Wie zum Beispiel Rom
So merk ich mir das alles
Neulich hat mir eine gute Freundin gesagt
Ich würde immer Seischellen sagen
Es hieße aber Seschellen
Ich weiß gar nicht wo die Dinger liegen
Wahrscheinlich da bei de Antilopen oder
Wie die heißen
Also gut hab ich gesagt wenn du das meinst
Dann sach ich ab jetzt: Seschellen
Und wissen Sie wie ich mir das merke:
Se-Schellen und ich komm runter.
Klar?
Klar.

Im Nettetal: Die Stammenmühle auf den Hinsbecker Höhen.

Die Hauptsehenswürdigkeit Grefraths ist das Freilichtmuseum um die Dorenburg.

Auch im Winter ein reizvoller Anblick: das Jagdschloß im Vorbereich der Burg Linn in Krefeld.

Kempen im Regen

Die historische Altstadt von Moers: links die Friedrichstraße, rechts der sogenannte „Klompenwenkel".

Sach ma nix
Un kumma hier
Da hab ich als Jung gespielt

# Tante Mariechen

at ne Quatsch
Sachte immer mein
Tante Mariechen
Wenn se zwischen
Spülstein un Gasherd saß

Sie war Näherin
Ledig
Un Stütze im Kirchenchor

Stattliche Frau
Wenn se in ihrem
Beigen Übergangsmantel
Rasch in de Stadt lief
Um sich die Medizin
Zu holen
So sandige Würfel
Die mußte se ohne Wasser
Nehmen
Nachts und dat dauerte
Manchmal acht Stunden
Bis dat Zeuch runter war

Wat ne Quatsch
Sachte immer mein
Tante Mariechen

Wenn se von ihrer Cousine erzählte
Die dem Führer damals
Sechs Kinder geboren

Eins davon war mongoloid
Un hieß Lore
Und war natürlich von allen
Die liebste

Oder wenn se wat hörte
Daß wieder in Rußland
Einer gefallen
Den se schon gut gekannt
Als e noch klein war
Jetzt liegt er Gottweißwo
Verlaust un erlöst

Oder wenn uns damals im Bunker
De Staub in de Augen floch
Wegen der Bomben von diesem Luftdruck
Un de Blockwart
Immer noch ganz im Dunkeln

Ein seltener Anblick: Winter am Schwafheimer Bruchkendel
(Moers).

Heil Hitler rief
Un de Bunker ganz schräg stand
In unserem Garten
Wegen der Luftmin
Un draußen alles schon brannte
Un von den Häusern
War nix mehr zu sehn

Wat ne Quatsch
Sachte immer mein
Tante Mariechen

Die mit dem Tumor im Kopf
Obwohl se so schmal war
Un de Kopp
Hamse später dann aufgemacht
Un gleich wieder zugemacht
Sie is gar nich mehr aufgewacht
Inne Klinik
In Düsseldorf
Im Oktober

Die is ja gelaufen
Von Hü nach Hot
Haben die Leute gesacht
Wat hat die nich alles ausprobiert
So Kräuter un Quecksilberkram
Un all son beklopptes Zeuch
Hätt se ma lieber frühzeitig
Haben die Leute gesacht

Aber so kannt einem gehn
Wenn man zu viel prakesiert
Haben die Leute gesacht

Wat ne Quatsch
Sachte immer mein
Tante Mariechen
Und sie meinte damit
Wohl das Leben

Seh ich heut
Einen sterbenden Baum vor mir stehn
Er spricht zwar kein Wort doch sein Leid ist zu sehn
Mein ich oft daß mein Tante Mariechen
In der Krone sitzt und unentwegt näht
Un manchmal den Kopf zu mir dreht:
Wat willst du von mir
Geh na Haus
Un verschließ ganz fest deine Tür
Obwohl du im Kopf noch ganz klar bist
Et kommt bald die Zeit
Ich sehse voraus
Ein Ende das kurz aber wahr ist.

Wie sie in ihren Küchen gesessen haben
So liegen sie auch unter der Erde
Aus ihren Augen wachsen Butter- und
Gänseblümchen
Und die Friedhofsgärtnerei Becker
Ist auch schon lang in anderen Händen
Manchmal schickt man was mit Fleurop
Und versucht sich zu erinnern:
Alles hätt nen Övergang
Da trokk sich de Foss
Et Fell über de Kopp
Alles hat einen Übergang
Da zog sich der Fuchs
Das Fell über den Kopf

Ich hab immer gesacht
Beerdigungen muß man üben
Möglichst früh
Dann fällt man auch später
Nicht so schnell aus allen Wolken
Und weiß wie das geht

Ich geb ja gerne zu
Es ist nicht sonderlich erbaulich
Und man hat ja auch immer Angst
Ob man in der richtigen Stimmung ist
Und ob man mit seiner Trauer dem Toten
Gerecht wird
Und zuerst hab ich immer gedacht
Ich bring das nicht fertig

Wohl dem der darin ein Meister ist
Die 3 Schüppen Sand
In gemessenem Tempo
Und dann noch an den Angehörigen vorbei
Wo man manchmal gar nicht genau weiß
Wer der Hauptleidtragende ist
Und sich dann noch vertut
Am besten man konduliert der ganzen Familie
Sach ich immer zu meiner Frau
Und die Familie ist ja auch froh
Und manchmal richtig erstaunt
Daß man gekommen ist
Denn man fragt sich doch immer gleich
Wie groß ist die Beteiligung
Und wie hoch ist die Anzahl der Kränze
Und Siedentops waren auch da
Und der sture Direktor vom Gaswerk
Obwohl die sich jahrelang nicht mehr
Angeguckt haben
Aber ein Trost ist es doch
Der Friedhof machts möglich
Und in die Kapelle konnten ja alle
Gar nicht rein
Und so steht man dann in der großen Schlange
Geduldig und unbeholfen und denkt
Wer wird wohl der nächste sein
Es regnet
Kleine Lungenentzündung

Und am Anfang bin ich gar nicht gern
Auf den Friedhof gegangen
Weil ich nie genau wußte ob ich
In der richtigen Stimmung war
Also ob alles echt ist
Oder nur Zeremoniell

Gottseidank kannte ich ja meinen Friedhof
Von klein auf
Fast jede Ecke und Kante
Und die Wege und die Kreuzungen
Und etwas angehoben lag der Ehrenfriedhof
Und kurz davor lag der Doktor Kaschade
Der bei den Nazis in Schutzhaft kam
Und vor den Gräbern der Männer
Sitzen immer die Frauen
Die Männer liegen
Die Frauen sitzen
Kommt natürlich immer drauf an
Wer zuerst dran kommt
Ein andermal sitzen an den Gräbern der Frauen
Die Männer
Da sitzen die Männer
Und die Frauen liegen
Wenn eine Bank da ist
Sonst müssen die Männer stehen
Und sagen oft: Was meinst du Lisbeth?
Zu ihren toten Frauen
Oder die Frauen sagen zu ihren toten Männern:
Es macht keinen Spaß mehr Egon

Nein ich kannte meinen Friedhof schon früh
In und auswendig
Das macht viel aus
Dann hat man schon ein sicheres Gefühl
Man weiß wo man hin geht wo es längs geht
Wo man hinkommt

Aha in diese Ecke kommt er hin
Schönes Eckchen
Da scheint die Sonne den ganzen Tag
Obwohl er nichts mehr davon hat
Aber man weiß es ja nicht

Haben Sie auch schon mal einen
Grabstein ausgesucht
Besser nicht
Da muß man auch frühzeitig dran denken
Man wird da zum Formalisten
Welches Kreuz nehmen wir
Wie hoch darf der Querbalken sein
Oder ist ein Palmwedel passender
Und was schreiben wir drauf
Nur den Namen und die Jahre
Schlicht bleiben
Der Friedhof als Geschmackssache
Ein Bäumchen wäre nicht schlecht
Und ein ewiges Licht
Dann aber ein gutes
Eins das nicht dauernd ausgeht
Am besten eins das nicht dauernd geklaut wird

Auf em Friedhof klauen se nämlich wie die Raben
Hauptsächlich Blumenvasen

Und da gabs immer ein Haus
Neben unsrem Friedhof
Und da guckte immer eine Frau aus dem Fenster

Die hatte ein Pflaster
Über ihrer Nase
Und das Pflaster wurde immer größer
Und das Gesicht immer kleiner
Und einmal war das Pflaster so groß
Daß man das ganze Gesicht nicht mehr
Sehen konnte
Und eines Tages guckte die Frau nicht mehr aus
Dem Fenster
Und alle sagten: Hautkrebs
Klar das war einwandfrei Hautkrebs
Und alle harkten weiter

Küche Krankenhaus Kirchhof
Die 3 Planstellen des Niederrheiners
Und man geht elegischen Schrittes
Hinter allem her was Leben und Sterben
So ausmachen
Steht vor der Kapelle
Und wartet bis der Sarg vorbeigetragen wird
Guckt an den Himmel und denkt jaja die Schwalben
Es gibt schönes Wetter
Hinter dem Friedhof bei uns lag die Eisenbahn
Dann kommt der Sarg und das Gerangel geht los
Wer ist der Nächste der Erste der Liebste
Der Wichtigste
Manchmal schubst man sich sogar
Daß der Pfarrer sich umdrehen muß
Der Friedhof legt alles offen auf den Tisch

Den schwarzen Schlips hab ich mir noch
Extra kaufen müssen
Nein ich hab das schon sehr früh gesehen
Und gehört
Wie die Menschen ganz leise werden
Und in dem Augenblick
Wo sie den Friedhof verlassen
Wieder ganz laut
Na dann könn wer ja wieder ne
Das hab ich schon früh erlebt
Endstation Friedhof
Das hält keiner lange aus
Das ist mir geläufig

Weil ich immer samstags mit auf den Friedhof mußte
Und wer eine große Familie hat
Macht auch viel Beerdigungen mit
Und bekommt auch viele Gräber
Das ist nun mal so
Das muß man sich vorher überlegen

Der Friedhof war für mich immer ein Spielplatz
Die Hecken die Umrandungen die Steine
Die Blumen
Der Abfall die Vasen die Kieselsteine die Gießkanne
Ich war der Wasserträger
Und harken durfte ich nach einem Fischgrätmuster
Und wußte wirklich alle Wege
Und kannte alle Gräber

Da liegt die Tante von dem Onkel
Hier liegt die Tochter von dem Vater
Da liegt der Vater von dem Vetter
Dort liegt der Bruder von der Mutter
Hier liegt der Onkel von der Schwester
Kompost und Unkraut
Da steht der Grabstein schief
Hier ist die linke Seite merklich abgesackt
Haben Sie ein Vierergrab
Ja wir haben ein Vierergrab
Wir überlegen noch
Höffkens haben auch ein Vierergrab
Da bleiben wir wenigstens zusammen
Der Friedhof machts möglich
Trauerarbeit sagt man ja
Heute alles eingeebnet
Damals Kinderübung
Samstags vor dem Baden
Nicht schlecht
Da lernt man was fürs Leben.

Ich hab ja ma das inzwischen geflügelte Wort
Gesacht:
Der Niederrheiner weiß nix kann aber alles erklären
Und umgekehrt
Wenn man ihm etwas erklärt versteht er nix
Das heißt er versteht es manchmal schon
Aber er will es nicht einsehen
Wirklich wahr
Ich hab da ein gutes Beispiel
Aus meinem früheren kleinen Leben
Also aus meiner jüngeren Zeit
Womma so sagen
Sonz glauben Sie am Ende noch
Das hier wär schon mein zweites Leben
Also nee
So schnell schießen die Niederrheiner auch nicht
Also:
Ich bin ja und war ja immer schon viel unterwegs
Dat wissen Se ja
Un wenn ich dann bei meinen Reisen ab und zu
Über Duisburg kam
Dann sachte mein Vater jedesmal:
Da hättse doch mal vorbeikommen können
Nach Moers
Dat is doch en Katzensprung
Ja schon
Hab ich dann immer gesagt
Aber ich mußte ja um 14 Uhr in Bremen sein
Und da konnt ich eben nicht extra aussteigen
Warum musse denn schon

Um 14 Uhr in Bremen sein
Weil ich um 14 Uhr da zu tun hab
Ja aber du kannz doch mal
Wenn de schon über Duisburg komms
Kannze doch mal eben zum Kaffee rüberkommen

Das Theater der Stadt Duisburg beherbergt auch die
Deutsche Oper am Rhein.

Wat meinze wat wir uns gefreut hätten
Ja ich sach Vater alles wunderbar
Nur wenn ich über Duisburg komm
Da kannze doch mal aussteigen
Eben nich
Weil ich ja dann meistens auf dem Weg
Nach Norden oder Süden bin
Und zu einer ganz bestimmten Zeit
In Frankfurt sein muß
Aber du kannz doch nur mal eben
Un wennet nur zwei Stunden sind
Einfach mal ne Pause machen

Guck ma wie du aussiehst
So schlecht hasse ja schon lang nicht mehr
Ausgesehen
Dat kommt nur von deiner Raserei jeden Tag
Ja aber sach ich dann ich will mal sehen
Wenn ich das nächste Mal nach Münster muß
Da kannze doch zum Mittagessen
In Duisburg aussteigen
Un nachem Kaffeetrinken
Bringen wir dich wieder an den Zug
Ich sag Vater
Is ja alles schön und gut
Aber ich muß doch schon am Nachmittag
In Münster sein
Warum denn schon am Nachmittag?
Weil ich da ein Rundfunkinterview habe
Rundfunkinterview
Wat is dat denn?
Naja die wollen mit mir im Radio sprechen
Achso
Ja aber kannz doch trotzdem mal vorbeikommen
Kannz doch die Rundfunkleut mitbringen
En Tass Kaffee und en Stück Kuchen hamwer
Immer noch übrig
Aber Vater die sind doch in Münster
Trotzdem
Von Münster bis hier
Dat ist doch nur um de Eck
Und die Züge gehen doch alle naslang
Also wenn du et nächste Mal über Duisburg komms

Krisse auch en lecker Teller Linsensupp
Und dann kannze am nächsten Tag immer noch
Nach Münster fahren
Wenn man denen das richtig verklickert
Dann kapieren die das auch
Jaja sag ich dann völlig geschlagen
Gut gut so machen wers Vater
Genau so
Is ja nur en Katzensprung
Kannz auch schon en Tag vorher kommen
Ja Vater sag ich wenn ich über Duisburg komm
Auch wenn de über Düsseldorf komms
Kannze auch vorbeikommen
Und dann geb ichs auf
Dann geb ichs wirklich auf
So viel Niederrhein auf einmal
Dat hällze nich aus.

Niki-Brunnen in Duisburg

Kultur in Duisburg

Innenhafen Duisburg

Rhein in Flammen: Silvesterstimmung im Herbst.

# Kränkskes

Iso manchmal weiß ich auch nicht mehr
Was mit der Menschheit los ist
Jeder will immer besser und schneller sein
Als der andere
Und wat ich erst gar nicht glauben wollte
Auch noch kranker und kränker
Inne Vluyn bei uns am Niederrhein
Da sagen se ja kränkskes
Da bin ich ja oft als Kind bei Onkel Johannes
Gewesen
Johannes Lohbeck
Ich weiß nicht ob Se den gekannt haben
De hatte immer manchmal sonne Pickelhaube auf
Ich glaub noch von 70/71
De war Schiedsmann
Und de sachte immer wenn ich kränkskes war
Laß de Jung ma liegen
De is kränkskes
Laß de ma liegen de hat ja jetzt schon 38.1 Fieber
Dat seh ich von hier aus
Laß de ma liegen
Lieber jetzt drei Tach als später vierzehn Tach
Dat seh ich doch von hier aus
Laß de ma liegen
Ich sprech schon mit dem Lehrer
De Jung ist ja nich dumm
Dat is ne völlig falsche Rechnung
Lieber jetzt wie gesacht drei Tach
Als später vierzehn Tach
Ich sprech schon mit dem Lehrer

Ich kenn doch die Brüder all
De hat jetzt schon 38.7
Un sach nicht ich hätt et nich gesacht
Dat is ne völlig falsche Rechnung
Laß de ma liegen
Dat holt de schon auf
Ich sprech schon mit dem Lehrer
De is kränkskes de Jung
Dat sieht man doch von weitem

Niederrheinidylle bei Schaephuysen

Laß de ma schön liegen
Dat macht gar nix
Sollze ma sehen
Und dann kniff er einem immer en Äugsken
De Onkel Johannes
Als wenn er sagen wollte
Und wenn de Ferien has da kommsse ma
Nach de Vluyn
Und da kannze schlafen un spielen
So lang wie de willz
Laß de Jung ma liegen
Besser jetzt drei Tach als später vierzehn Tach
Und sach ich hätt et gesacht
Tach zusammen!

Neukirchen-Vluyn: Schloß Bloemersheim

Die Niers auf ihrem Weg nach Wachtendonk.

Blick über das „platte Land" auf Wankum.

Straelen: Haus Coull

Kleinkunst beim Stadtfest auf dem historisch restaurierten Marktplatz.

Ein internationaler Wettbewerb der Straßenmaler findet alljährlich im August in Geldern statt.

Kamp-Lintfort: Der barocke Terrassengarten von Kloster Kamp ist eine Rekonstruktion des ehemaligen „Sanssouci am Niederrhein".

„Spiel mir das Lied vom Tod" auf dem mittelalterlichen Markt vor dem Kloster Kamp.

# Das Schuhschwämmchen

Also das Schönste in der Adventszeit
Ist ja bekanntlich nicht die Freude
Sondern die Vorfreude
Vor allen Dingen wenn mein Frau mich in Ruh läßt
Und nicht dauernd fragt:
Wat möchts du denn zu Weihnachten
Da is die nämlich schon seit Oktober dran
Wat möchtest du denn?
Ich denk dann immer sach ma nix
Ich hab doch alles
Das heißt alles hab ich auch nicht
Aber ich muß
Sagen wer mal
Nix dazu haben
Ich mein für ne Segelyacht oder ne Villa
In der Provence
Dafür bin ich sowieso nicht zu gebrauchen
Wat soll ich da
Dauernd dahinfahren ob de Fensterscheiben
Noch drin sind
Nee dat is nich mein Lebensziel
Ich sitz gern zu Haus inne Küch am Niederrhein
Da muß ich keine Karibik haben an Weihnachten
Aber mein Frau läßt nicht locker
Irgendwas wird dir doch einfallen
Ja gut sach ich eine Kleinigkeit
Ja was ist denn das eine Kleinigkeit
Das sagst du jedesmal eine Kleinigkeit
Aber du sachst nie was das ist eine Kleinigkeit
Ja ich weisset doch auch nich

Einfach sowat Kleines
Son kleines Schuhschwämmchen vielleicht
Wat ich dann so für unterwegs mitnehmen kann
Dat isset
Genau dat isset
Son kleines Schuhschwämmchen für die Reiserei
Aber das kann ich dir doch jeden Tach kaufen
Son Schuhschwämmchen
Das ist doch keine Überraschung
Son kleines Schuhschwämmchen das ist
*Die* Überraschung sach ich
Die Überraschung *schlechthin* weil da an
Weihnachten
Kein Mensch dran denkt
Alle schenken se sich Schmuck un feine Sachen
Überall
Aber auf son klein Schuhschwämmchen
Da kommt keiner drauf
Ja sacht mein Frau un dann gehste überall hin
Und wenn du gefragt wirst was hast du denn
Zu Weihnachten gekriegt
Dann sachst du: Son kleines Schuhschwämmchen
Zum Mitnehmen
Und wie sieht das dann wieder aus
Wie steh ich dann wieder da
Son Schuhschwämmchen das kann man mal
Unter „ferner liefen" schenken
Aber doch nicht als einziges Geschenk
Da muß doch noch ein Hauptgeschenk dazu
Nee sach ich umgekehrt

Das kleine Schuhschwämmchen
Dat is dat Hauptgeschenk
Weil dann brauch ich die doch nicht mehr
Aus den Hotels mitzunehmen
Sondern ich hab dann mein eigenes
Schuhschwämmchen
Und wenn de mir dann noch ein paar Socken
Un en Oberhemd
Dazu schenkst wie jedes Jahr
Dann bin ich schon zufrieden
Mehr brauch ich nicht
Aber das ist doch alles nix Halbes und nix Ganzes
Das muß doch auch gar nicht sein sach ich
Was Halbes will ich nicht und was Ganzes
Brauch ich nicht
Ich lauf sowieso immer am liebsten mit den
Gleichen Klamotten rum

Nur die Schuhe die müssen ab und zu
Geputzt werden
Ach mach doch watte willz
Sacht mein Frau dann immer wenn se bei mir
Nicht von der Stelle kommt
Mach doch watte willz
Aber komm mir nicht nach Weihnachten und sach
Dir wär noch was eingefallen
Du hättest da noch was gesehen
Nix!
Du kriegst jetzt dein kleines Schuhschwämmchen
Und damit basta!
Und sach ich am Heiligen Abend
Noch Kartoffelsalat mit Würstchen
Sonst hab ich kein Freud
An dem Schuhschwämmchen.

Typisch Niederrhein: Die Blink bei Hoerstgen – zu jeder Jahreszeit ein reizvolles Motiv für den Fotografen.

# Rammdösig

Sagen Sie mal
Werden Sie manchmal auch rammdösig
Dat is ja ein wunderbares niederrheinisches Wort
Aber wat dat genau heißt weiß ich auch nicht
Dat kann man auch gar nicht übersetzen
Aber daß man das ab und zu wird
Is ja in der heutigen Zeit
Mehr als verständlich
Und jeder sacht doch auch bei uns:
Da bin ich rammdösig geworden
Aber das Wort hat ja immer so was Freundliches
Dat is so zwischen verrückt un krank: rammdösig
Oder sagen wer mal zwischen ballaballa
Und hirnrissig
Oder auch daß man et Fenster rausspringen möchte
Weil man keinen Überblick mehr hat
Un die Welt einem ziemlich sinnlos vorkommt
Weil keiner mehr genau weiß wat denn nun los is ne
Ja weil alles so eng beieinander liegt auf einmal
Freud un Trauer un Wut un Haß
Un Jubel un Trubel un Rubel
Un Reich un Arm un Liebe un Totschlag
Da werd ich dann rammdösig
Dat is jetzt medizinisch nicht das richtige Wort
Aber dann möcht ich mit dem Kopf
Gegen die Wand manchmal
Also rammdösig
Ich mein die Welt ist sowieso nicht mehr
In den Griff zu kriegen
Das muß man sich nur mal klarmachen

Der eine Teil da is ja noch tiefstes Mittelalter
Un der andere Teil da isset wie bei Sodom
Un Gomorrha
Also Saus un Braus un nach mir de Absinthflut
Un das Ganze wird vonne Mafia regiert
Aber soweit wollt ich gar nicht ausholen
Aber die Welt is krank un verrückt sach ich immer
Die einen feiern und die andern trauern
Wo de hinguckst
Da wirsse auf de Dauer organisch-rammdösig
Da helfen keine Satiren mehr
Nix
Da musse weitermachen und aufpassen
Daß de eines Tages
Nicht selbst dran bist
Rammdösig
Is nich so
Is doch so
Rammdösig
Ja so is dat.

53

# Niederrheinische Erklärung

Also ich sach ja oft:

Sach ma nix

Aber manchmal da muß ich aus der Haut fahren

Aus meiner niederrheinischen

Haben Sie auch festgestellt daß der Zucker

Über alle Maßen nachgelassen hat

Ich beobachte das schon seit längerer Zeit

Also früher da konnte man doch in eine Tasse Kaffee

Oder Tee

Zwei Stück Zucker reintun

Dann war das süß genug ne

Heute müssen Se manchmal vier Stück Zucker

Ungelogen

In eine Tasse werfen

Bis Sie überhaupt irgendwas

Was süß sein soll herausschmecken

Und die Zuckerstücke sind auch kleiner als früher

Einwandfrei!

Nee das ist keine Einbildung

Die Dinger sind einwandfrei kleiner

Da können Sie mir sagen was Sie wollen

Ich seh doch was ich sehe

Das hängt mit Kuba zusammen wahrscheinlich

Ich weiß et nich genau

Aber die Dinger sind kleiner

Also die sind wie Plazebos oder wie die heißen

Die sehen zwar wie Zucker aus

Schmecken aber nach nix

Dat is weil die Kubaner ja Rußland nich mehr

Im Nacken haben

Nich mal mehr im Rücken

Sondern der Kubaner is ja ziemlich auf sich selbst

Angewiesen

Deshalb war ja auch der Fidel schon beim Papst

Und da sacht der Kubaner sich natürlich

De Zucker is erstmal für uns da

Un de Rest

Also sagen wer mal die Ausschußware

Die können wer ja verkloppen

Ich mein so stell ich mir das vor

Aber wie gesacht Sie müssen mal für Spaß

Drauf achten

Daß der Zucker überall nachgelassen hat

Nicht nur am Niederrhein

Und daß es eigentlich höchste Zeit ist

Das auch mal zu sagen un nich immer sach ma nix

Un wenn ich mich richtig damit auseinandersetz

Dann sacht mein Frau immer

Ob ich wieder am Spinnen wär

De Zucker hat nachgelassen

Wat ne Quatsch

Du hast nachgelassen

Weil du ja immer so viel Zucker nimmst

Schmeckst du inzwischen nix mehr davon

Also das ist ja nun der abgefeimteste Blödsinn

Den ich seit Jahrzehnten gehört hab

Ja et is aber so sacht mein Frau

Wenn du weniger Zucker nehmen würdest

Würds du auch eines Tages wieder schmecken

Wie süß dat alles is

Typisch Frauenlogik: Wenn ich weniger Zucker nähme
Würde ich die Süße wieder schmecken
Un wenn ich überhaupt keinen nehm
Dann is der Kaffee
Wohl am süßesten oder wie ist das
Och mach doch watte willz
Sacht mein Frau dann immer
Bei dir ist ja doch Hopfen und Malz verloren
Hopfen und Malz ist ganz was anderes
Sach ich dann immer

Wenn du nur das letzte Wort hast
Sacht mein Frau dann wieder
Also bei uns geht es heftig zu sach ich Ihnen
Und nicht so wie ich neulich gelesen hab
Daß es Ehepaare gibt die nur zehn Minuten am Tag
Miteinander reden
Nee wenn wir reden dann fliegen bei uns oft
Die Fetzen
Da hören wir gar nicht mehr auf
Denn dann wissen wir wenigstens
Daß es uns noch gibt
Und zwar rund um die Uhr
Da wird der größte Krach zur Liebeserklärung.

Hauptsehenswürdigkeit und weithin sichtbares Wahrzeichen von Wesel ist der
Willibrordidom.

Abendstimmung auf dem Rhein bei Wesel.

Auf den Spuren der Römer am Niederrhein: der Archäologische Park in Xanten (APX).

Sach ma nix
Sachte meine Tante Liese immer
Wenn ich mittwochs nich zum Antreten
Bei de Hitler-Jugend ging
Dat mach ich schon
Wenn dein Vater wat sacht
Sach ma nix

Das Klever Tor und die Türme des St.-Viktor-Doms: ein reizvolles mittelalterliches Ensemble.

Typisch Niederrhein: Weidelandschaft bei Sonsbeck.

Kevelaer:
Pilgergruppe vor
der Gnadenkapelle;
Motorradfahrer-
Wallfahrt auf
dem Kapellenplatz
vor der Gnaden-
kapelle.

Mit zwei Schlössern und einer schönen Lage an der Niers kann die Ortschaft Weeze aufwarten: Schloß Kalbeck.

Schloß Wissen

Eine Verbindung zwischen den beiden Schlössern stellt die kleine handbetriebene
Fähre „Jan an de Fähr" her. Im alten Fährhaus läßt sich gut rasten.

Goch: Die Susmühle war früher eine Walkmühle für die in Goch bedeutende Wollindustrie.

Also ich bin ja eigentlich
Hab ich Ihnen glaub ich schon mal erzählt
Was Formen anbetrifft immer noch ziemlich ratlos
Obwohl ich ja für Formen bin
Nix da: Ich bin für Formen
Warum weiß ich auch nicht
Ich mein insgesamt bin ich mehr so für
Herzensbildung
Aber ingesamt hilft einem das auch nicht weiter
Wenn man mal in eine sagen wer mal
Spezielle Lage kommt
Obwohl Lage klingt ja auch schon wieder
Zu gefährlich
Also sagen wer mal in eine Dinges
In eine unvorhergesehene Lage
Quatsch!
Lage wollte ich ja nicht mehr sagen
Also in eine nicht voraussehbare Situation kommt
Die aber nicht lebensbedrohend sondern
Einfach nur unangenehm is
Booor is dat manchmal schwer sowat richtig
Zu beschreiben wie einem zumute ist
Un wir Niederrheiner brauchen da doppelt so lang
Weil wer 1. niemandem weh tun wollen
Man kann ja nie wissen
Un 2. weil wir et einfach selbst nicht
So genau wissen
Un immer drumrum reden bis der andere
Gar nicht mehr weiß
Was wir sagen wollen

Oder was unsere persönliche Meinung ist
Meine persönliche Meinung sagt der Niederrheiner
Ist hier gar nicht maßgebend
Aber wenn ihr se unbedingt wissen wollt
Dann ist meiner Ansicht nach
Ich will mal so sagen
Mein Eindruck ist daß
Sagen wer mal daß von vornherein ...
Und dann wird der Niederrheiner ganz exakt
... daß von vornherein die Sache selbst
Meine ich jedenfalls und man kann das sicher
Auch anders sehen
Das bleibt ja gottseidank jedem unbenommen
Heutzutage
Aber das ist meine Meinung
Die wie gesacht ja auch
Nur eine unter vielen ist
Das wollte ich nur mal gesacht haben
Damit ihr nicht denkt
Dem ist das doch völlig egal wer in den Vorstand
Gewählt wird
Eigentlich ist mir das auch egal
Aber nicht so wie ihr das vielleicht denkt
Und dann setzt sich der Niederrheiner
Und dann kloppen se all so mit der Hand
Auf den Tisch
Einige sagen ganz knapp: Bravo
Und hinterher anne Thek
Diesmal nicht bei Hein Lindemann
Sondern bei Wim Kerckhoff

Dat is de älteste von Kerckhoffs Hein
Genau
Der war ja lang bei de Marine
Un hat jetzt die neue Kneipe aufgemacht
„Zum Blauen Anker"
Schön gemacht alles
Son bissken englisch wie son Pub aber schön
De Sparkass hängt da glaub ich auch mit drin
Ich weisset nich jedenfalls naja immerhin
Un dann heisset:
Also Karl deine Rede wunderbar
Dat war doch keine Rede sacht der Karl
Dat war meine Meinung

Denn so isset doch
Wir hätten da schon viel viel früher
Also ich mein
Jetzt ist es mal gesacht
Womma gucken
Ich mein ich sach ja nich viel
Aber heut mußte das mal gesacht werden
Sehr richtig
Sehr gut
Sagen alle obwohl eigentlich gar nix gesacht
Worden ist
Aber immerhin
Einer hat endlich mal was gesacht
Und alles bleibt beim alten
Keiner ist beleidigt
Keiner geht nach Haus
So schön war et lang nich mehr
Zum Wohl
So wird „Im Blauen Anker" am Niederrhein
Die Welt zusammengehalten.

Also wenn ich Geburtstach hab
Dann geht das bei uns genau so los
Wie bei dem Schuhschwämmchen
Kurz vor Weihnachten
Haben Se sicher gelesen
Obwohl ich gern Geburtstach hab
Un ich sach immer: Einmal im Jahr is eigentlich
En bissken wenig
Aber wat willze machen
Wie wir Niederrheiner immer sagen
Wat willze machen
Wenne gesund bist un hast dein Auskommen
Heutzutage
Ist schon viel wert
Außerdem bin ich Stier da kann man schon
Zufrieden sein
Wir feiern ja nicht groß
Bei so ungerade Zahlen muß das auch nicht sein
Ich hab gesacht
Untersteht euch
Et wird nix gemacht
Weil ich hab ja alles
Aber mein Frau die is immer schon Wochen vorher
Wie an Weihnachten wie gesacht
Am drängeln und am fragen
Ich sach ich brauch wirklich nix
De echte Niederrheiner legt auf nix Wert
Bücher brauch ich keine
Ich komm ja gar nicht zum Lesen
Ich hab neulich die große Zeitung

Die kommt immer donnerstags
Abbestellt
Da lagen davon acht Zeitungen bei mir rum
Un ich hatte keine Zeit die alle in Ruhe zu lesen
Dat ist die große Zeitung und ich sach ja immer
Wenn man die aufschlägt muß der Nachbar
Gleich zum Zahnarzt
So groß is die Zeitung
Wenn ich davon et Feujetong lesen will
Dann nehm ich mir die Blätter aus de Zeitung raus
Un nehm die mit aufs Klo
Ich komm ja sonst nicht dazu
Un so dicke Bücher dat hat bei mir
Gar keinen Zweck mehr
Un Schmuck
Damit kann ich schon gar nix anfangen
Sone Krawattennadel un all son Blödsinn
Nix
Un Hemden und Strümpf hab ich genug
Un Hüte
Meine Frau will mir schon seit Jahren immer
Einen Hut andrehen
Inne Ferien hab ich mir wegen der Sonne schließlich
Einen gekauft
Aus Filz wie von Joseph Beuys
Da seh ich drin aus
Wie son kanadischer Grenzreiter früher
Wie hießen die doch
Ranch-Rovers oder Regulatoren am Arkansas
Oder so ähnlich

Is ja lächerlich eigentlich
Ich mit meinen 1.73 un Schuhe muß ich mir
Sowieso anmessen lassen
Also nicht daß ich irgendwat wüßte
Hab ich zu mein Frau gesacht
Vielleicht kannze mir son Schokoladen-Nußkuchen
Machen
Mein Frau ist nämlich eine hervorragende Konditorin
Wir könnten zusammen ein Café aufmachen
Sie backt un ich mach dummes Zeuch
Aber son Kuchen das ist doch nix Bleibendes
Sacht mein Frau dann immer
Den hast du doch in drei Minuten auf
Vielleicht doch son Ring für den Zeigefinger
Du wolltest doch früher immer sonen dicken Ring
Am Zeigefinger
Wie bei de Medicis oder de Borgias
Hasse immer gesacht
Ja früher hab ich das gesacht
Früher da wollte ich ja auch immer
Sonen verrückten Wikingerkönig
Im Film spielen
Aber heute
Weißte was ich dringend brauch
Son Radiergummi
Ich hab nämlich neulich wieder den Bleistift entdeckt
Un da is son Radiergummi ganz wichtig
Vielleicht son Bleistift mit dem Radiergummi
Oben so dran
Kennze doch sicher

Wo der Radiergummi direkt mit dran ist
Da würdse mir en Freud mit machen
Aber sonst muß ich sagen
Ruh ich in mir selbst oder wie dat heißt
Ein Niederrheiner braucht eigentlich nur sich selbst
Un dann noch sein Frau und den lieben Gott
Aber sonst nix auf de Welt
Wirklich wahr.

Hoch über der Rheinniederung auf einem Höhenzug liegt das Wahrzeichen der Stadt Kleve: die Schwanenburg.

Sach ma nix
Un kumma hier
Da krisse Heimweh

Schloß Moyland

## So ähnlich jedenfalls

Daß der Niederrheiner nix weiß
Aber alles erklären kann
Dat wissen Se ja
Un oft genug weiß er nix Genaues
Un sacht dann einfach:
So ähnlich jedenfalls
Und da uns dat aber zu kurz vorkommt
Hängen wer an das „So ähnlich jedenfalls"
Noch ein „Immerhin" dran
Und um den Satz vollends abzurunden
Sagen wer dann noch ein „Naja" hinterher
Oder „weiß ich auch nich so genau"
Das kommt auch oft daher natürlich
Weil wir Niederrheiner immer en bissken
Abwesend sind
Nich richtig zuhören
Un dann isset passiert
Dann wissen wer nich weiter
Un stehen höchst verloren inne Gegend herum
Un dann sagen wer meistens einfach nur:
Jedenfalls öh
Mehr nich
Da kommt dann nix mehr
Einfach nur: Jedenfalls öh
Wir wollen dann den Satz
Auch gar nicht mehr fortsetzen
Dem Niederrheiner reicht das „Jedenfalls" völlig
Damit haben wir alles gesagt
Vielleicht daß wir dann noch nach einer Pause sagen:
Immerhin wie gesacht

Aber zu mehr können wir uns nich aufraffen
Aber damit haben wir die ganze Welt gemeint
Mit diesem „Immerhin"
Damit meinen wir Niederrheiner
Alle Säugetiere
Alle Naturgewalten
Und auch den ganzen Kosmos
Wenn wir „Jedenfalls immerhin" sagen
Mehr brauchen wir da wirklich nicht zu sagen
Höchstens daß wir dann nach einer Pause noch sagen:
„Wie gesacht"
Um das „Jedenfalls" noch ein bißchen
Zu unterstreichen
Immerhin
Sehn Se mal jetzt hab ich et selbst schon gesacht
Is ja logisch
Denn ich gehör ja auch zu diesen Niederrheinern
Die immer so verloren inne Welt rumstehen
Un immer einem sofort in drei Minuten das ganze
Leben erzählen
Aber als wenn wer uns dabei zwischendurch
En bissken
Ausruhen müßten
Sagen wer dann auf einmal „Jedenfalls öh"
Un dann muß sich jeder sein Teil denken
Und wir Niederrheiner sind damit auch zufrieden
Un gehen dann nach Haus
Und zu Haus wissen wer schon gar nicht mehr
Wat los war
Un wenn dann jemand fragt: Wie war et denn?

Dann kommt das berühmte: Wie sollet gewesen sein
Und kurz darauf kommt dann wieder:
„Jedenfalls wie gesacht
Weiß ich auch nicht mehr im Einzelnen
Aber immerhin"
Und dann herrscht wieder Stille
Und dann will auch keiner mehr wat wissen
All wissen wieder restlos Bescheid
Und sind mit dem Ergebnis völlig zufrieden
Höchstens daß noch jemand sacht:

Hab ich doch damals schon gesacht
Aber da habt ihr ja alle gesacht
Wie gesacht:
„Jedenfalls immerhin naja"
Mir geht das oft so
Daß ich irgendwo in der Welt rumsitze
Zum Fenster rausguck und vor mich hin sach
„Immerhin"
Jedenfalls dat hab ich oft
Daß ich ganz weit weg
Und doch am Niederrhein bin
Wie gesacht
Sach ma nix.

# Bald is schon wieder Ostern

Iso ich sage Ihnen
Son Jahr
Also voriges Jahr dat war ja schon nicht auszuhalten
Aber dies Jahr geht noch schneller um als voriges Jahr
Also die Raserei von einem Tach zum anderen
Und schon is de Monat schon wieder futsch ne
Wat meinen Sie wie schnell wer wieder Ostern haben
Un wenn Ostern mal vorbei is
Dann geht et ja ruckzuck dem Ende zu
Dann kommt der Sommer
Un dann hamwer bald schon wieder Weihnachten
Also für mich müßte das alles eigentlich
Gar nicht sein
De ganze Jahreszeitenkram
Un dann muß man sich immer wat anderes anziehen
Un die Natur is ja auch nich mehr so wie früher ne
Is doch alles künstlich heutzutage
Un ich bin immer für das Natürliche gewesen
Un die ganzen Ausflüge dann immer
Un dann fahren se alle auf einmal Ski
Un brechen sich de Knochen
Is doch wahr
Ich hab noch keinen pensionierten oder
Passionierten Skiläufer gesehen
Der sich nicht wenigstens einmal
De Knochen gebrochen hätte
Oder mindestens einen Zeh
Mindestens
Un die liegen dann ja oft sechs bis acht Wochen
In Gips

Un dann is Frühling
Da gehen se all vor de Tür
Wie die Verrückten
Un dann kommt noch inne Politik was dazwischen
Dat man sich ständig ärgern muß
Ich hab ja damit Gott sei dank nix zu tun
Gott sei Dank!
Die wissen doch im Sommer schon nicht mehr
Wat se im Frühjahr gesacht haben
Nee also
Mein Frau die is auch in so einem politischen
Frauenverein
Von welcher Partei weiß ich gar nicht mal
Ich sach immer
Laß se ma ruhig dahin gehen
Kann se sich wenigstens de Zeit vertreiben
Un dann nimmt se immer unser Enkelkind mit
Und dann haben die beiden en Spaß
Wenn se dann nach Hause kommen
Un so geht de Sommer auch schön vorbei
Un dann fahren se wieder all weg bis
Gott weiß wohin
Nebenan bei uns die Dickmanns
Die sind voriges Jahr inne Taiga gewesen
Ich sach wat wollt ihr denn inne Taiga
Ja wissen se eigentlich auch nicht
Aber sachte sie da soll die Welt noch in
Ordnung sein
Noch so wie früher
Wie früher

Früher dat gibbet doch gar nicht mehr
Früher da hätten se mir zu Haus die Taiga
Links un rechts
Um de Ohren gehauen
Dat is aber auch nur um de Zeit totzuschlagen
Bei den Dickmanns
Un grad de Sommer
De hat ja kaum angefangen da is de doch
Schon wider
Auf und davon
Deswegen verreis ich ja auch nicht
Un wenn dann selten
Weil ich immer schon auf de Hinfahrt
An die Rückfahrt denke
Sollze mal sehen in ein paar Tagen
Musse schon
Wieder zurück
Un im Flugzeug da sieht man dann de ganze Kram
Nochmal von der anderen Seite
Wie hat doch de Dinges de Goethe damals gesagt:
Verweile doch verweile doch
Du bist so schön
So ähnlich hat er glaub ich gesacht
De Augenblick de soll also nicht vergehn
Un nach dem Augenblick hamwer schon Herbst
Un de Herbst der is ja dann praktisch schon
Womma sagen
Da wird ja dann praktisch meist schon
De Weihnachtsmarkt aufgebaut
Un jeder sacht wieder:

Das Jahr is rumgegangen wie nix
Ja also mehr is dat ja auch eigentlich nicht
Un wenn wir nicht ständig wat machen würden
Sagen wer mal auch beruflich und uns ablenken
Dann wär dat schon ziemlich albern
Ganz abgesehen davon
Daß es sehr schnell vorbeigeht
Sehr schnell.

In der Düffel, einem Naturschutzgebiet nordwestlich von Kleve, überwintern alljährlich Tausende von arktischen Wildgänsen.

Auf dem Eltenberg nördlich von Emmerich steht die über 1000 Jahre alte St.-Vitus-Kirche.

Sach ma nix
Sachte der liebe Gott
Als wer uns wieder mal
In Dinslaken
Getroffen haben
Sach ma nix
Daß ich auch Niederrheiner bin
Sonst blutet ja den anderen
Das Herz
Sach ma nix